首都圏の噴火活動と「日本存続の条件」

箱根山噴火リーディング

大川隆法
Ryuho Okawa

まえがき

何とも無気味な風景が日本中に広がっている。

地震や火山爆発だけでなく、国会やマスコミ、民衆の心にも、ふんまんやるかたない気分が満ちている。言葉で表すとしたなら「揺れている」というしかなかろう。

さて本書は、噴火の予兆のある箱根山に関するリーディング記録である。単なる自然現象とみる方も多いだろうが、〝神〟を尊崇する「心」がなくなった時に、地震や津波、火山噴火が相次ぐように思われる。

そして慰霊祭だけが行われるのであるが、それは「形」だけであって、「信仰」のないものである。古来より天変地異と、神を畏れる心とは一体不可分のものであった。

珍しい形でのリーディングとなったが、「原因—結果」の法則を読み解く鍵となるだろう。

二〇一五年　七月十一日

幸福の科学グループ創始者兼総裁　大川隆法

箱根山噴火リーディング　目次

箱根山噴火リーディング

——首都圏の噴火活動と「日本存続の条件」——

二〇一五年七月二日　収録

東京都・幸福の科学総合本部にて

「霊言現象」とは、あの世の霊存在の言葉を語り下ろす現象のことをいう。これは高度な悟りを開いた者に特有のものであり、「霊媒現象」（トランス状態になって意識を失い、霊が一方的にしゃべる現象）とは異なる。外国人霊の霊言の場合には、霊言現象を行う者の言語中枢から、必要な言葉を選び出し、日本語で語ることも可能である。

なお、「霊言」は、あくまでも霊人の意見であり、幸福の科学グループとしての見解と矛盾する内容を含む場合がある点、付記しておきたい。

また、「遠隔透視リーディング」とは、特定の場所に霊体の一部を飛ばし、その場の状況を視てくる能力である。さらに、著者の場合は、現在のみならず、過去・未来の時間をも指定して見通すことができる。いわゆる六大神通力の「神足通」と「天眼通」をミックスさせた、時空間をも超えた霊能力である。

箱根山噴火リーディング

――首都圏の噴火活動と「日本存続の条件」――

二〇一五年七月二日　収録

東京都・幸福の科学総合本部にて

質問者　※質問順

里村英一（幸福の科学専務理事〔広報・マーケティング企画担当〕兼 ＨＳＵ講師）

天雲菜穂（幸福の科学第一編集局長）

渡邉理代（幸福の科学理事 兼 精舎活動推進局長）

［役職は収録時点のもの］

1　箱根山の内部透視と火山活動の霊的原因のリーディングを試みる

御神示がきっかけとなった今回のリーディング

大川隆法　今日（二〇一五年七月二日）、収録をすることは、ほんの一時間半前に出てきた話でございまして（笑）、もともとは休むつもりでいたのですが、散歩に行こうとしたら、「五反田へ行け」という御神示が降りてきたのです（東京都品川区五反田にある幸福の科学総合本部を指す）。

「五反田に散歩？　どういうことかな」と思いましたが、「呼んでいる」と言われたので、何か伝えたいことがあるのかと思います。

また、当会では、来週の七月七日に●御生誕祭を予定していますが、法話の時間が三十分しかないため、そのときに天変地異関係の話がたくさん出てくるとまずいので、多少は〝ガス抜き〟をしておきたいということのようにも思われました。

その意図が何であるかはよく分かりません。ただ、とにかく「これ（リーディング）をやってからでなければ分からない」ということでありました。

首都圏に何らかの異常現象が近づいてきている？

大川隆法　みなさんもご存じのとおり、今、箱根山において、火山性微動や小噴火等が起きているようです。

●御生誕祭　大川隆法総裁の生誕（七月七日）を祝して行われる、幸福の科学グループ最大の祭典の一つ。二〇一五年は、七月七日に、さいたまスーパーアリーナにおいて、「人類史の大転換」と題して法話を行い、全国・全世界三千五百カ所に同時中継された。

この山の噴火の記録はあまり残っておらず、「六百年ぶり」とか、「八百年ぶり」とか、あるいは、「三千年前に噴火して、このあたりの地形ができた」という説もあります。少なくともここ数百年は、大きな噴火が起きたことはないようです。

ただ、少し前の北海道での講演（二〇一五年六月二十日、幸福の科学函館支部精舎説法「道を拓く力」）のときにも、「何となく、首都圏に近づいてきている感じがする」というようなことを言ったので、私自身も気にはしています。最近では口永良部島で突如の噴火と火砕流、小笠原諸島西方沖でマグニチュード8・1の大地震等があり、その前にはネパールで大きな地震がありましたので、何かが迫っているのか、どうなのか（『大震災予兆リーディング』〔幸福の科学出版刊〕参照）。

箱根精舎（幸福の科学の研修施設）は、やや精神的被害が甚大ではありましょう。警戒レベルがもうワンランク上がると避難対象に入るぐらいかもしれません。

やや珍しいことではありますが、今回の内容については、私もあまり〝教えて〟もらえず、「（リーディングを）やってみたら分かる」ということです。

リーディングの前に「箱根山の内部透視」を試みる

大川隆法　それでは、リーディングに入る前に、最初に箱根山を少しだけ内部透視してみようと思います。内部を視てみましょう。

里村　はい。

大川隆法　〝レントゲン〟をかけてみたいと思いますので、ちょっと待ってくださいね。

（ここで、霊体の一部を瞬間移動させ、遠隔透視に入る。約二十五秒間の沈黙）

今、大涌谷の水蒸気が出ている上空あたりに来ています。ここから潜ってみます。

2015年大涌谷付近から蒸気が噴出し、さらに火山性地震が発生して、噴火警戒レベルが3に引き上げられた箱根山の周辺。

（約十五秒間の沈黙）

うん、うーん……。うーん……。

煙のようなものが、細い通路のようなものから延々と出続けているのが視えますが……。

うーん……。水蒸気爆発なら、梅雨時にはたくさん起きるはずですが。ほかに視えるものは……、ほかに視えるものは何……。

（約五秒間の沈黙）

何か、カブトムシのようなものが木を上っていくような……、地下ではありますが、木を上っていくようなイメージが視えるので、何かが上がってこようとしている感じはしますね。

カブトムシと言っても、赤茶色に黒い縁取りではっきりしているようなものが、濡れた細い木の幹、白樺のような木の幹を伝って、下から上がってくるようなイメージがあるけれども、おそらく本物のカブトムシではあるまいと思われるので、何かのイメージだと思うのです。

何かが出てこようとしているらしい。

うーん……、カブトムシか。「兜」か……。まあ、今は戦争をめぐっての揉め事が多くありますから。

大きな空洞の下に視えた渦巻く溶岩

大川隆法　うーん……、下のほうに火が視えてきました。細いトンネルのようなものが視えたのです。先ほどは水蒸気しか視えなかったのですが、今、下のほうに火が視えるのです。

火がちょっと、どうだろう……。

まるで、南のほうの島で火を焚いているときの、かがり火のような色の火が燃えているのが視えています。

今、ここを潜って入ると、なかには大きな空洞がありますね。大きな空洞が視えています。

大きな空洞の直径はちょっと分からないのですが、今、見渡してみると、どのくらいあるのでしょうか？　うーん……、何十メートルかはありますね、少なくとも。

その空洞の下のほうは……、これはもう、溶岩が近いのかな。溶岩のようには視えるのですが、ただ、何か溶岩として、赤みがかったものが外側の縁の部分にはあるのですが、その真ん中のあたりが、なぜか少し青みがかっているのはよく分かりません。

「青みがかっている」というのは、緑色というか、緑青のような緑がかった色に視えるものが、私には何のことだかよく分かりません。

下は渦巻いています。

右回転で渦巻いて、ロート状にずっと入っていっているように視えるので、その下に何か〝目〟があるのだとは思います。

溶岩が下に渦巻いているのが視えますね。

うーん……。

（約五秒間の沈黙）

まあ、透視としてはこんなものでしょうか。

小規模な噴火が起きている箱根山の霊的な意味を探る

大川隆法　それでは、どうされるおつもりなのか（手を一回叩く）。
小噴火で終わってくださるのか。もう少し、何かを知らしめたくて、なさっているのか。

今、世界は渾沌としていますし、日本の国論も（安全保障法制等の議論で）大きく二つに割れようとしていますので、そういうものと関係があって、何かメッセージを伝えようとしているのでしょうか。地球あるいは日本列島を司るものか、関連のあるもののメッセージが何か込められているのならば、事前に〝問診〟をして突き止めたいと思っています。

ある程度、意図が分かれば、対策も立つかもしれないし、立たないにしても、納得はできるかもしれません。

大涌谷を中心にして小規模な噴火が起きているようですが、この箱根山の現象に何らかの霊的な意味合いがあるのか。あるいは、単なる自然現象にしかすぎないのか。

御神示で呼ばれている以上、何らかの意味があるのではないかと、私は思っているのですが、緊急に調べたくなった理由について、最も関係のある方に出てきてもらいたいと思います。

それが誰であるかは、今のところ、私は何も知りません。

箱根山の噴火に最も関係のある方にお出でいただきたいと思います。

箱根山の噴火に最も関係のある方にお出でいただきたいと思います。

（手をゆっくり二回叩く。約二十秒間の沈黙）

2015年4月下旬から火山性地震が増え始めた神奈川県・箱根山。6月30日には大涌谷付近で小規模噴火が発生。水蒸気爆発が起きたのではないかと見られている。これにより、噴火警戒レベルが2（火口周辺規制）から3（入山規制）に引き上げられ、火口から半径約1kmの範囲に避難指示が出された。（写真：大涌谷付近）

2　箱根山噴火は収束するのか、活発化するのか

箱根山噴火に関係する神霊が、「死にたいんだろ?」と問う

箱根山噴火にかかわっている神霊（以下、神霊）　うん……。ふううう……。ふううう……。ふうううう……。

里村　失礼いたします。今、活発になっている箱根山の噴火に最も関係のあるお方でしょうか。

神霊　（約十秒間の沈黙（ちんもく））そう思うとおりである。

里村　ありがとうございます。今日の午後、大川隆法総裁を呼ばれた方でもあられますか。

神霊　呼んではいない。

里村　あっ、呼んではおられない？

神霊　うん。

里村　しかし、箱根の噴火に関係のある方であると？

神霊　そう。

里村　恐(おそ)れ入りますが、今回の箱根の噴火とどのような関係がおありなのでしょうか。

神霊　（約五秒間の沈黙）死にたいんだろ？

里村　はい？

神霊　死にたいんだろ？

里村　死にたい？　私たち「現代の日本人」がですか。

神霊　「現代の日本人」じゃないよ。「〝首都圏〟の日本人」だよ。
首都圏の日本人は「この国は要らない」と思っている？

里村　首都圏の日本人が死にたい？
それは、どういうことでしょうか。なぜ、「死にたい」とおっしゃるのでしょうか。

神霊　死にたいんだろう？

里村　首都圏の日本人が死にたがっていると？　恐れ入りますが、どうして、そのようにお考えになるのでしょうか。

神霊　ううん？　要らないんだろう？　命も、この国も。

里村　それは、つまり、「首都圏の日本人が自分の安全とか、平和とか、そういうものが欲しいとは思っていない」ということでしょうか。

神霊　神戸にも大きいのが来た。東日本にも大きいのが来た。まあ、首都か、名古屋（なごや）か、どっちにしようかと思ったが、首都のほうが急いでおるような気がするので。

里村　首都のほうが急いでいる？　どうして首都のほうが急いでいるように……。

神霊　うん？　死にたいんだろう？

里村　死にたがっている？　みんな命を捨てたがっていると？

神霊　うーん。死にたがっているんだろう？

里村　どのような現象を見て、あなた様はそのように思われるのでしょうか。

神霊　この国は要らないんだろう?

里村　要らない?　つまり、「この国の存続を欲していない」ということですね?

神霊　そうだろう?

里村　なるほど。そうしますと、現在、国会で主に議論されていることのありさまを見て、今、日本人は命を捨てたがっていると？

神霊　国会だけではないだろう。

里村　国会だけではない？　例えば、どのようなことがございますでしょうか。

神霊　マスコミ。世論。

まあ、ほかにもあるが、日本の意志を決めているのは、首都だろ？

里村　はい。日本の主な国論というものは、確かに首都圏で決まっておりますけれども。

神霊　死にたかろう?

里村　みんな、死にたがっているように見える?

神霊　うん。協力してやろう。

「私は箱根を担当している」と語るも、正体を明かさない

里村　恐れ入りますけれども、例えば、先般(二〇一五年五月三十日)の小笠原の地震とも関係されましたか。

神霊　小笠原は小笠原さ。

里村　あちらのほうの担当というか、管轄（かんかつ）の方ですか。あるいは……。

神霊　私は箱根（はこね）を〝担当〟している。

里村　ああ、そうでございますか。そうすると、箱根と非常にかかわりのある方でいらっしゃいますね？

神霊　うん。

里村　神様でいらっしゃいます？

神霊　うん？

里村　箱根の神様でいらっしゃいますか。

神霊　分からない。

箱根山噴火は日本人への警告なのか？

里村　今、国会で「安全保障法制」というものが議論され、非常に否定的な意見がマスコミまたは世論でも強くなっているように見えます。やはり、これが大きな問題であるということでしょうか。

神霊　細かいことは分からん。ただ、おまえたちが死にたがっていることだけは分かる。

里村　例えば、最近の天変地異のなかには、「緊急のときには、国として対応する力が必要である」ということを示すために、あえて起こされているものもあったのですが、それとは少し違うわけでしょうか（前掲『大震災予兆リーディング』参照）。

神霊　うん？　何を言っておるのだ。

おまえたちに何の警告が要るというのだ。（天変地異を）望めば引き寄せる。それだけのことだ。

里村　なるほど。警告も必要ないと？

神霊　引き寄せているんだろ？　運命を。

関東を創った存在として「場所」を貸している

天雲　その「死にたがっている」という気持ちは、どのようにして、あなた様のところに届くのでしょうか。

神霊　まあ、「場所」を貸しておるからな。

天雲　場所を貸している？　どちらに、貸しているのでしょうか。

神霊　ええ？　私の〝畳（たたみ）〟の上にみんな住んどるからさ。

天雲　なるほど。〝畳〟の上にみんなが住んでいると？

神霊　うん。三千万人も住むと、重いな。

渡邉　先ほど、「箱根（はこね）の山の担当だ」とおっしゃったのですが、「関東平野一円を見ていらっしゃる方」という認識でよろしいのでしょうか。

神霊　どのぐらいまで埋めてほしいのかなあ。関東は創ったからな。

里村　関東を創られたわけですね？

神霊　うん。
　日本人の想念に応えて、手伝おうとしている

里村　今、箱根の噴火警戒レベルが「3」になっています。今のところ、経済的な被害は出てきておりますが、まだ幸いなことに生命にかかわる人的被害が

出ていないのですけれども……。

神霊　なんで「幸い」なの？

里村　幸いではない？

神霊　なんで、生命に被害が出ないのが幸いなの？　分からないから、教えてくれる？

里村　ああ、なるほど……。

今の段階で警戒レベルが「3」であるということですが、今後、収束するのではなく、もう少し深刻な事態になってくると考えてよろしいのでしょうか。もう少し激しくなってまいりますか。

神霊 （約五秒間の沈黙）言葉がよく分からないんだけれども。うーん……。もうちょっと、はっきり言ってくれるか？

里村 つまり、噴火のレベル、規模は、これから激しくなるのでしょうか。

神霊 死にたいんだろ？ だから、どうやったら死ねるか、考えてやらねばいかんからな。死ぬまでやらないかんからな。どのぐらいやれば死ぬのかな？ おまえたちのレベルは知らない。「レベル3」が「レベル幾(いく)つ」になればいいのか、それは知らない。そんなことは知らない。ただ、死にたいんだろ？

里村　ということは、あなた様の〝畳〟の上に住まわせていただいている日本人が「死にたい」と思っている以上、要するに……。

神霊　だから、手伝ってやらねばならんだろう。うーん。それは、〝きれい〟になるからなあ。

「武士の世は終わった」ということを確認した

里村　それは具体的に言うと、要は、「日本人は今、自分たちの安全や命を護ることを放棄しようとしている」ということでしょうか。

神霊　いやあ、「武士(ぶし)の世」は終わったんだろ？　そう確認したが。

里村　「武士の世」は終わった？　それを確認した？

神霊　うん。終わったんだろ？

里村　恐れ入りますが、何をもって、今、あなた様は、「武士の世は終わった」と確認されたのですか。

神霊　関東が武士の世の中心だからな。うーん。武士の世が終わったんだろ？　だから、〝終わり〟にしてあげよう。

里村　逆に言うと、「十三世紀ぐらいに箱根山で大きな噴火があった」と言われているのですが、ちょうど、そのころに武士の世が始まったわけです。

神霊　うーん。まあ、終わったんだろ？

「大和（やまと）の心」を失った者は、日本人ではなく〝奴隷（どれい）〟である

里村　あなた様は、象徴的（しょうちょう）に述べておられますけれども、何をもって、「武士の世は終わった」と確認されたのでしょうか。

神霊　武士がいなくなったんだろ？

里村　それは、つまり、自分の命や平和だけを考えている日本人が生きていて、国会でもいろんな論戦をしていると？

神霊　「大和（やまと）の心」を失ったんだろ？

里村　それは「日本人としての誇（ほこ）り」も捨てたと？

神霊　まあ、「誇り」があればの話だがな。

里村　あるいは、「侍魂（さむらいだましい）」を捨てたと？

神霊　今、生きている者たちは日本人ではない。

里村　日本人ではない？　では、どんな人なのでしょう？

神霊　「奴隷（どれい）」だ。

里村　奴隷？　その「奴隷」は、いったい何に仕えている奴隷なのでしょうか。

神霊　ううん……。（約五秒間の沈黙）

まあ……、「潔さ」を失って、「正しさ」を失って、「使命感」を失って、ただ、この世にあることのみを望む生物と同じかな。人間ではない。

天雲　箱根山の噴火の予兆は、今年の四月下旬ごろから強まってきていると思いますが、(首都圏の日本人の)「死にたい」という気持ちが伝わってきたのは、いつごろからでしょうか。それは、やはり四月ごろだったのでしょうか。

神霊　うーん……。最後は富士山なので。あれは、私の〝担当〟ではないから。その前の〝担当〟が私なので。

私の順番が来ているから、「そろそろかな」とは思っているけれども。

渡邉　先日、口永良部島(くちのえらぶじま)でも噴火がありました。また、小笠原諸島で地震があった際には、日本は全国的に揺(ゆ)れました。

こうした大震災や災害を起こす役割というのは、天上界(てんじょうかい)では、順番に回ってきており、「今、箱根の順番になっている」ということでよろしいのでしょうか。

神霊　うーん……。〝関東〟が特に死にたがっているからね。

あと、まだ残っておるところも、地方にはたくさんあるけれども、外からゆっくりやっていても間に合わないから、このあたりで、そろそろ近場で、何か必要なんじゃないかなと思っている。

3　箱根山噴火にかかわる神霊がその真相を語る

今の日本人に、「正義」を求め、それを語っている人はいない

里村　あなた様から見て、「関東の人たちが、いちばん、人間であることを捨てている」と思われるのは、具体的に言うと、例えば、どのようなことでしょうか。

神霊　（約十秒間の沈黙）「戦争」と「天皇制」。

里村　戦争と天皇制？

神霊　うん。

里村　まず、戦争のほうからお伺いします。今、「戦争」とおっしゃいましたけれども、この意味について、また教えていただけますでしょうか。

神霊　（約五秒間の沈黙）「正義」が立たなくなったら、人間は〝人間稼業〟をやめなくてはならない。

里村　正義を失っては……。

神霊　うーん。分からないんだろう？　正義がなくなったら、〝侍〟は存在できない。〝刀〟は必要もない。

里村　要するに、戦争には政治が関係すると思いますが、やはり、「政治分野の問題で、今、非常に正義が失われている」と。

神霊　政治だけじゃないだろう。国民もだろう？

里村　はい。もちろんです。国民、有権者ですね。

神霊　うーん。

里村　あるいは、それをいろいろと報じている、また、論じているマスコミも。

神霊　〝平和〟にしてあげよう。な？　願うとおりに。火山灰を何メートルか積もらせたら〝平和〟になるだろうよ。雪の代わりにな。

里村　はい……。活動が止まりますね。

神霊　止まるだろうね。

里村　そうすると、今の日本人は、「正義」というものを捨ててしまったわけですね。

神霊　どこにあるの？　正義を求めている人が、どこにいるわけ？　語っている人は、どこにいるわけ？

里村　はい。

神霊　奴隷(どれい)には、奴隷にふさわしい生き方があるだろう。地下に潜(もぐ)れ。

奴隷が奴隷であることを確認するような「安倍談話」は必要ない

里村　例えば、今年は、戦後七十年という節目で、安倍総理が談話を発表する予定です。

この内容をめぐって、マスコミでも、政界でも、いろいろと論じられていますけれども、まさに、あなた様がおっしゃったような、「日本の正義」というものを失った立場で、今、例えば、「安倍談話」なるものも……。

神霊　要らない。

里村　要らない？

神霊　そんなものは要らない。

里村　要らない？

神霊　必要がない。奴隷が奴隷の確認をする必要はない。

里村　はあ……。

神霊　「〝入れ墨〟が押されている」ということを確認するんだろう？　要らない。

「戦後七十年」の今、なぜ箱根山は噴火し始めたのか

里村　戦後七十年、日本は、そうした状態で、ずっと来たとは思うのですけれども、なぜ、今なのでしょうか。

神霊　うん？

里村　ある意味では、戦後、日本人は……。

神霊　七十もあれば、人生終わりさ。もういいだろう。本当は、七十年前に終わっていたことなんだから。

里村　そうすると、戦後七十年間、日本を、いちおうずっとご覧になってきたわけですね？

神霊　うん。

天雲　それは、「日本が正しく変わるのを、ずっと待っておられた」ということでもあるのでしょうか。

神霊　うーん……、（今の日本は）私の国ではない。

里村　ああ……。

戦後の「天皇制」と「復興」に意味はあるのか

渡邉　先ほど、「関東の人たちが人間であることを捨てているところ」について、「天皇制」というお言葉もありましたが、こちらは、「今の天皇制が、もう形骸（けいがい）化している」というところになるのでしょうか。

神霊　まあ、形骸化……、形骸化ねえ……。

里村　「天皇制が危（あや）うくなっている」ということへのご心配でいらっしゃいますか？

神霊　あれは、何なんだ？　いったい何のためにあるんだ？　何のためにあるの？　分からない。

里村　皇室が、ですね？

神霊　うん。

里村　今上陛下（きんじょうへいか）は宮廷祭祀（きゅうていさいし）にも熱心でいらっしゃいますが、なかなか、その思いというものは届かないということでしょうか。

神霊　神につながっていないもの。どうして？　何を、みんなやっている？　〝ひな祭り〟か？

里村　つまり、あなた様のおっしゃっていることは、やはり、戦後、日本人が「信仰心」というものを失ったことと関係しているのですか？

神霊　戦後は、「復興した」と思っていたが、復興はしていなかった。失ったものは戻ってこなかった。

幸福の科学は、「蟻が這っているぐらいしか動いていない」

里村　しかし、今、地上では、私ども「幸福の科学」というグループ、組織が、

「日本の誇り（ほこ）りを取り戻そう。失ったものを取り戻そう」と活動しているのですけれども……。

神霊　どこで？

里村　この日本で、です。

神霊　どこに？

里村　この日本で、関東でもやっています。日本全国でやっているのですけれども……。

神霊　蟻(あり)が這(は)っているぐらいしか動いていない。

里村　まだまだ、それは、誇りを取り戻す大きな力にはなりえていないと？

神霊　うん。要らないね。

里村　要らない？

神霊　うん。

里村　恐れ入りますが、それでは、「もう警告とか、そういうものではない。駄目なんだ」ということでしょうか。

神霊　だから、死にたいんだろう?

里村　死にたがっている以上……。

神霊　みんなが「死にたい」って言ってるのを、止める気はないよ。アメリカがやり残したことを、仕上げてあげるよ。

里村　「アメリカがやり残したこと」というのは、本土決戦とか、日本の本土を灰燼に帰すとか、そういうことをやってあげようということですね？

神霊　うん。

今の日本に見る「文明の終わりを予告するもの」とは

里村　「日本人は、正義を失った」とおっしゃいましたが、あなた様から見て、「ここがいちばん悪い」というところを、例えば、今、世の中で起きていることと重ね合わせると、どのようなことになるのでしょうか。

神霊　天皇の「人間宣言」。

以後の歴史。

アメリカの邪悪性の糾弾ができていないこと。
〝平和〟という言葉が侵略主義と結びつき、邪悪なるものを支えていること。
「正義」が、この国から失われていること。
「信仰」が失われていること。
すべて、「文明の終わりを予告するもの」だと思われます。

里村　はい。今、天皇の「人間宣言」というお話が出ましたけれども、あなた様は、戦後、この地上で、「そうしたものを変えよう」ということで、動かれたことはございますか。

神霊　だからね、明治維新が終わったんだよ。そして、次の時代が来ない。

里村　はい。それは、もう日本の歴史の終わりです。

神霊　歴史の終わりだ。だから、終わらせてあげよう。

今、「日本という国が存続するための条件」がなくなっている

里村　しかし、あなた様は、決して、それを望んではおられませんでしたよね？

神霊　いいや。あるがままに。世の中のあるがままに、この地球は姿を変え、日本も姿を変える。その上を支配する者も変わる。

望ましいとは思っていない。おまえたちが引き寄せているのだから。

里村　はい。

天雲　では、本当に望ましい理想の状態とは、どのようなものだとお考えになっているのでしょうか。

神霊　（約五秒間の沈黙）「日本という国が存続するための条件」が必要だ。それが、ない。

里村　はい。

天雲　その条件とは、先ほど教えていただいた「信仰心」や「正義」のような価値観のところでしょうか。

神霊　（約五秒間の沈黙）もう、要らない。この国も、この国民（くにたみ）も、もう要らない。

だから、首都から、まずは消えていただく。

もう日本には、「スメラミコト」としての天皇がいない

里村　先ほど、具体的な事例・事象として、天皇の「人間宣言」がございました。一九四六年一月に、戦勝国である連合国、ＧＨＱ（連合国軍最高司令官総

司令部）の強い強い希望でというか、無理強いで出されたものであったのですが、それを天上界からご覧になっていたわけですか。

神霊　日本には天皇がいないんだ。もう、いないんだ。天皇は「スメラミコト」。天よりの意志を受ける者。そして、この国を司る者。天皇は、もう日本にはいない。

渡邉　人間宣言をされたのちも、天皇陛下は、いらっしゃいますけれども……。

神霊　いない。

渡邉　もう、「そちらは違う」ということですね。

神霊　天皇はいない。終わった。

里村　つまり、この「神国日本を統べる者」としての「スメラミコト」という者が、存在しないということですね？

神霊　いない。もう終わった。

里村　「スメラミコトが存在しなかったら、もう日本は終わったも同然である」と。

神霊　今、「偽りの歴史」を編んでいる。

里村　はい。

「押しつけられた憲法を愛している以上、滅びていくしかない」

里村　今までの日本の総理大臣のなかで、安倍総理は、比較的、戦後の悪しき風潮をなくそうと、まあ、不十分かもしれませんが、いちおう努力しているほうではあります。これについては、どうご覧になりますか。

神霊　国民が、「奴隷」を望んでいる以上、どうにもなるまい。

里村　つまり、総理の孤軍奮闘では、意味がない、と？

神霊　力が足りない。

里村　しかし、あなた様は、本来なら、「今、安倍総理が行っていること自体は望ましい」と思われるわけですね？

神霊　ギリシャと同じになるだろう（注。繁栄を誇った古代ギリシャ文明の興亡を指していると思われる）。

里村　うーん。「ギリシャと同じになる」と言われると、たいへん厳しいのですけれども……。

神霊　「かつて、東洋に日本という国があった」と言われるようになる。

里村　例えば、今の憲法は、まさに、天皇の「人間宣言」とともに押しつけられた憲法ですが、「日本人がこういうものを持っている以上は駄目だ」ということもあるわけですね?

神霊　勝った国が、負けた国の憲法を変える。それが憲法の意味だ。
だから、国民が押しつけられた憲法を愛している以上、滅びていくしかないだろう。

里村　先般（二〇一五年六月二十三日）、東京裁判で、「日本無罪論」を述べられたパール判事の霊に来ていただきました。その際、彼は、「そうした憲法を捨てろ」と。つまり、「廃憲」という言葉も出たのですが……（『されど、大東亜戦争の真実　インド・パール判事の霊言』〔幸福の科学出版刊〕参照）。

神霊　インド人に言われるようでは、日本も終わりだ。

里村　やはり、日本人自らが、そうした運動を、もっと力強く推し進めなければ駄目だということですね？

神霊　うん。まあ、君は、「未来をあるもの」として話をしておるから、私とは意見が合わない。

4
箱根山噴火にかかわる神霊と日本文明との意外なかかわり

「五反田に行け」と神示を降ろした霊とは

里村　私たちとしては、何とかして、そのような「崩壊」というものを避けるために、今日のお話から何か対策が立てられればと……。

神霊　いや、私は、喜んで来たわけではない。たまたま……。

里村　たまたまですか。

神霊　うん。呼び出されたんだ。

里村　それは、「先ほど、大川総裁から呼ばれた」ということでしょうか。

神霊　ここ（幸福の科学）の指導霊（しどうれい）からな。

里村　どなたから、呼び出されたのでしょうか。

神霊　うん？　呼び出されたというか、言い当てられたというか……。

里村　言い当てられた？

神霊　うん。

里村　もう一度、お伺いします。先ほど、大川隆法総裁が、箱根山の噴火に最も関係のある神様として、あなた様を招霊されました。要するに、「そのときに、言い当てられた。呼ばれた」ということですか。

神霊　うん。別に、来る必要はない。

渡邉　では本日、総裁に、「総合本部のほうに行きなさい」と言ったのは、あなた様とは違う方なのでしょうか。

神霊　うん。エドガー・ケイシーという人だ。

里村　えっ！

神霊　エドガー・ケイシーという人が、「五反田に行け」と言ったのだ。

里村　はあ！

●**エドガー・ケイシー**（1877 ～ 1945）　予言者、心霊治療家。転生輪廻、病気の治療法、人生相談等について、膨大なリーディング（霊査）を行った。幸福の科学支援霊の一人。（『永遠の法』『エドガー・ケイシーの未来リーディング』〔共に幸福の科学出版〕参照）

神霊　私は別に、出たいわけではない。

「江戸城の占領は許せない」と語る神霊

里村　今、エドガー・ケイシー様のお名前が出たので、お伺いしたいのですが、私たちは、あなた様を、何という神様とお呼びすればよいでしょうか。

神霊　うん？　「徳川幕府」と呼べ。

里村　え？　徳川幕府!?

神霊　うん。

渡邉　徳川幕府を開かれた方でいらっしゃいますか。

神霊　〝徳川幕府三百年の歴史〟だ。

里村　つまり、幕府を開かれた方、ということですか。

神霊　私は、語れない。

里村　語れない？

神霊　うん。

里村　しかし、私(わたくし)たちとしても……。

神霊　とにかく、明治政府以降の歴史を、今、終わらせようとしている者だ。

里村　うーん。先ほど、「侍(さむらい)」というお言葉もありましたし、関東を、「自分の畳(たたみ)である」とおっしゃっていましたが、やはり、徳川の立場に立たれる方なのですね？

神霊　「明治政府以降の歴史が終わった」と見ている者だ。

里村　では、徳川幕府が倒れた明治維新、また、明治時代そのものも、お認めにはなっていない？

神霊　うーん……。江戸城の占領は許せない。

里村　ああ、はい。

神霊　あそこで繁栄があるわけがない。あんなところに皇室があって、繁栄するはずはない。

里村　はあ。

「関東を日本の首都としようと決意せし者」とは誰(だれ)なのか

里村　そうすると、恐(おそ)れ入りますが、あなた様は東照大権現(とうしょうだいごんげん)様（徳川家康(いえやす)）でいらっしゃるのですか。

神霊　いや、〝箱根〟だ。

里村　箱根……。箱根ではありますけれども、しかし、徳川の……。

神霊　明治政府を否定せる者。

里村　明治政府を否定する者？

神霊　うん。

里村　徳川の最後の将軍（徳川慶喜〔よしのぶ〕）では、いらっしゃいませんよね？

神霊　それは小さい。

里村　では、徳川幕府において、将軍として立たれたことがおありなわけですね。

神霊　いや。徳川的なるもの、すべてだ。

里村　えっ？　徳川的なるもの、すべて？

神霊　「関東を日本の首都としよう」と決意せし者。

里村　しかし、「関東を日本の首都としようと決意せし者」というと、やはり、東照大権現様になってくると思うのですけれども。

神霊　そうかな。

箱根(はこね)以外にも噴火(ふんか)が控(ひか)えていることをほのめかす

天雲　「言えない」ということは、何かタブーがあるのでしょうか。

神霊　うん？

天雲　お名前を明かすことに、タブーがあるのですか。

神霊　まあ……、これから何かを起こす人が、「自分が、それを起こす人である」とは言わんであろう。

天雲　うーん。

里村　なるほど。そうすると、やはり、「箱根(はこね)での噴火(ふんか)はもっと激しくなっていくから、その前に、名乗ることはできない」ということですね。

神霊　箱根で力が足りなければ、まだ、あとに控(ひか)えているものはあるんでな。

渡邉　最近ですと、浅間山(あさまやま)のほうも警戒(けいかい)レベルが上がったりしているのですが。

神霊　そうだなあ。

渡邉　そちらにも関係されているのでしょうか。

神霊　それは私ではないが、私の力が十分でないときには、「浅間」、「富士」と、別のものが待っているだろう。

まずは、私。

里村　今、箱根山の噴火警戒レベルは「3」ということですが、日本人が死を望むかぎり、こんなものではないわけですね。

神霊　なんで、わざわざ、九州沖の島（口永良部

口永良部島の噴火と小笠原諸島の地震の霊的背景を探った『大震災予兆リーディング』（幸福の科学出版）

島）を噴火させたり、東京都の外れの孤島（小笠原諸島）で地震を起こしたりしなければならないのか。

それでは、まだ気がつかないようであるので、少し近寄ってみようと考えている。

里村　「自分の力で足りなければ」と、非常に客観的におっしゃっているのですが、私は、あなた様のお名前が気になっています。「徳川的なるもの」とおっしゃいましたが、箱根山付近に、北条早雲殿の名を冠した早雲山というものもあります。

神霊　うーん。

里村　関東を、いち早く拓いた名武将ですけれども、あなた様は、早雲様であられるのでしょうか。

神霊　うーん……。まあ、それは言えんな。

里村　言えない？

神霊　うん。

里村　では、そのあたりの方なのですね？

神霊　〝霊界（れいかい）の東京タワー〟だ。

里村　霊界の東京タワー？

神霊　うん。

里村　恐れ入りますが、それは、どういうことでしょうか。

神霊　おまえたちには関係はない。

里村　ただ……。

神霊　もう、早く戒名（かいみょう）を付けて、位牌（いはい）をつくっておけ。

大正時代にも深くかかわっていた神霊

里村　いや、戒名を付けて、位牌をつくる前に、まだもう少しお伺いしたいと思います。

日本は、この千年ぐらい、関東を中心に栄えてきました。

神霊　うーん……。

里村　京都がありながらも、特に、この四百年ぐらいは、関東が非常に強くなっています。その関東の繁栄もまた、つくってこられたわけですね？

神霊　うん……。関東大震災は、一度、起こしたがな。

里村　はああ!?　あのときは、なぜ、関東大震災は起きたのでしょうか。

神霊　うん？

里村　関東大震災は、大正十二年に起きたと思うのですが、なぜ起こされたのでしょうか。

神霊　うーん……。不快感かな。

里村　不快感？

神霊　うん。

里村　どんなことが不快だったのですか。

神霊　大正という時代が不快だったから、終わらせた。

1923年(大正12年)9月1日に発生したマグニチュード7.9の関東大震災。神奈川・東京を中心に首都圏で200万人近くが被災。特に火災による2次被害が甚大で、10万人以上の死者・行方不明者が出た。

里村　一般には、「大正デモクラシー」といって、日本の歴史のなかでは、非常に輝かしい時代であったかのように捉えられているのですが……。

神霊　そんなことはない。

里村　何が、不快でいらっしゃいましたか。

神霊　うん？　うん……。

●大正デモクラシー　大正時代の特徴を示す、政治・社会・文化の各方面で起きた民主主義的・自由主義的な風潮。

関東大震災(だいしんさい)を起こした真の理由とは

渡邉　先ほど、「明治維新からあとの歴史は終わっている」というようなニュアンスのこともおっしゃっていたのですが、関東大震災(だいしんさい)を起こされたということは、「大正からあとも、歴史としては終わっている」とご認識されているのでしょうか。それで、不快感を持たれて、震災を起こされたということなのですか。

神霊　うーん……。だから、あれ（関東大震災）で、「もっと、次の大戦に備える都市計画をやれ」と言ったんだが、できなかった。

里村　はい。それについては、地上でも、後藤新平（ごとうしんぺい）さんなどが、そうしようと思って動かれたのですが、完成できませんでした。

神霊　うーん……。

里村　ですが、あのときの意図は、「やがて来る大戦に備（そな）えよ」と。そのための準備でもあったわけですか？

神霊　「木や紙でつくった家では、もたない」と教えたのだが……。

里村　ああ……。

●**後藤新平**（1857～1929）　医師・官僚・政治家。関東大震災直後の内閣で、内務大臣兼帝都復興院総裁として、震災復興計画を立案。大規模な区画整理や公園・幹線道路の整備などを行う予定だったが、財界等の猛反対もあって挫折。当初の計画を大幅に縮小せざるをえなくなった。

神霊　同じことを、またやった。

里村　ええ。

渡邉　では、そのあと戦争が起きるということは、すでに天上界(てんじょうかい)の計画のなかにあったのでしょうか。

神霊　いや。計画があったのではなく、「そうなることが分かっていた」ということだ。

里村　そのとき、すでに、後の大東亜戦争、日米の戦いというものもあるだろうと？

神霊　うん。

里村　「そのための準備をなせ」というのが、関東大震災の真意であったのですか。

神霊　うん。

里村　ああ……。確かに、あのとき、幅の広い大きな道路など、いろいろな都市計画があったのですが、未完でした。

神霊　うん……。「東京は再び、火の海になるから、それに耐える計画をつくるように」と、申し伝えたのだが。

里村　つまり、そのとき天上界から地上に、そのような思いを伝えておられたわけですね。例えば、先ほど私が言った、後藤新平さんであるとか、そういう方に対して。

神霊　うん、うん。

里村　では、なぜ、そのとおりにならなかったのでしょうか。やはり、そのときも、国民が言うことをきかなかったのですか。

神霊　うん……。まあ、死ぬべき人は、死ぬ。それだけだな。

5　明治以降の西洋化には「不浄」なるものが潜んでいる

日露戦争の裏にある、「人間がつくった神構造」

里村　関東大震災より前に遡りますが、例えば、日露戦争では日本が勝利しましたけれども、お立場的に、そうしたことは、どのようにご覧になっていたのですか。

神霊　うん……。（約五秒間の沈黙）否定はしない。ただ、裏もあるな。

里村　裏がある？

神霊　うん。

里村　どのような裏が、あるのでしょうか。

神霊　「正しきもの」もあったが、「正しくないもの」も、あった。

里村　「正しくないもの」とは何でしょうか。

神霊　人間がつくった「神構造（かみこうぞう）」を立てた。

里村　「人間がつくった神構造」？

神霊　うん。「神から降りた神構造」ではなく、「人間がつくった神構造」を立てた。

里村　すみません。非常に象徴（しょうちょう）的なので、もう少し、具体的にお伺（うかが）いしたいのですが、「人間がつくった神構造」とは、何を指していらっしゃるのでしょうか。

神霊　「人工的一神教」だ。神より降りた一神教ではなく、人工的一神教だ。

里村　要するに、日露戦争だけではなく、明治政府の方針として、国家神道というものを立てていった流れのなかに、神から降りているものではなく、人間がつくったものがあるということでしょうか。

神霊　うん。西洋の悪しき文明を、日本的にのみ解釈して使ったな。

里村　確かに、「明治政府は、統治のための利便性で、そのような構造を取り入れた」という批判はありますけれども。

神霊　明治、大正、昭和天皇も、「天皇機関説」などというものを説く不届き者が出て、天皇自らも、それを肯定するような言葉も説いた。それはすでに、信仰なき宗教の姿である。

里村　ということは、あなた様は神様として、明治維新以降の日本の歴史にも、そのように、「正しいものもあるけれども、不純なるものもある」と、一貫してご覧になっていたわけですか。

神霊　うん。だから、純粋な信仰に基づかない天皇制が、その内容を明らかにしてきた歴史でもあって、戦後、「人間宣言」において崩壊した。
崩壊したにもかかわらず、それを国の構造として、七十年間、讃え続けてき

●**天皇機関説**　明治憲法における天皇の地位をめぐる学説。憲法学者の美濃部達吉が、1912年（明治45年）に発表した『憲法講話』で唱えた。統治権は法人たる国家に帰属し、天皇は憲法に従って国家を動かすための最高機関であるとする。これは天皇の神格的超越性を貶めるものであったため、美濃部は非難されたが、昭和天皇は美濃部を擁護する立場をとった。

た。

ここに、嘘(うそ)がある。

「徳川家(とくがわ)の呪(のろ)い」と「教派神道(きょうはしんとう)の弾圧(だんあつ)」

里村　そうすると、単に、「江戸城(えどじょう)を明け渡(わた)した」ということに対する怒(いか)りなどというわけではございませんね？

神霊　うん。まあ、象徴かな、それはな。

ただ、天皇家の人間は、ずいぶん〝呪(のろ)い殺された〟がな。男子は、相次いで死んでいったはずだ。

里村　はい。また、なかなか、皇族で男子はお生まれになりませんでした。

神霊　四十人目ぐらいに、男の子がやっと出てきたのかな。

里村　以前、私が、「ザ・リバティ」という雑誌をつくっていたときに、そのことについて、チラッと聞いたことがあるのですが……。

神霊　〝呪い〟だ。

里村　はい。「天皇家に男子が生まれないのは、霊界にいる一部の、徳川家の家臣たちによる呪いのせいもある」という声も、お聞きしたことがあるのですけれども。

神霊 うーん。ただ、それだけではないな。もう一つの流れがある。

里村 その「もう一つの流れ」とは、何でしょうか。

神霊 教派神道(きょうはしんとう)を、ことごとく弾圧(だんあつ)してきた。

里村 はああ……。教派神道の弾圧ですね。

神霊 「より高き者」のために弾圧されるのは、やむをえないところもあるが、

「信仰なき者」に弾圧されるのは、許しがたいものがあったであろう。
だから、「徳川の呪い」と、両方かな。

里村　恐(おそ)れ入りますが、明治以降の流れのなかで弾圧されたのは、教派神道だけではございません。「廃仏毀釈(はいぶつきしゃく)」もありました。

神霊　そうだな。

里村　お寺が壊(こわ)され、仏像が壊されるということもありました。

神霊　そうだ。そのとおりだ。たまには、おまえも、いいことを言う。

里村　いえいえ。そういうものも含めて、非常に苦々しく、ご覧になっておられたわけですね。

神霊　そうだな。

明治維新以降、「西洋の邪神の考えが入っている」

里村　そうすると、今まで、この場に神様に降りていただいて、私どもがお話を聞いたこととは、今回は少し異なるところがあるのですが、要するに、単に、「戦後の日本の流れが間違っている」ということだけではなく、「明治維新以降の流れも間違っている」ということですね。

渡邉　つまり、「日本が西洋化していく流れに対して、苦々しさもある」ということでしょうか。

神霊　うん。キリスト教のまねをしたつもりで、かたちだけしたのだろうけどな。

里村　はい。

神霊　それは、信仰の立場とは違ったな。

日本の信仰は、「八百万の神々が、この大八洲（日本の古称）を生かしている」ということであるから、それ（政府）に合わないものを弾圧していくというのは、日本的な考えではなく、西洋の邪神（じゃしん）の考えが入っていると言わざるをえず、そうした宗教弾圧のために西洋型の民主主義を使ったのならば、そのなかに「不浄（ふじょう）の流れ」が入っているであろう。

里村　はい。しかし、「関東中心に、神国日本が栄える」ということ自体は、お認めになるわけですね。

神霊　うーん……。やり方によってはな。ただ、今は中心が空（から）っぽだ。

里村　はあ。

神霊　うん。国会は虚(むな)しい。

里村　はい。

神霊　イスラム教のように、〝空洞(くうどう)〟にしたほうがいい。

里村　ああ……。イスラム教のように、空洞にですか。

神霊　うん。ただ、ひれ伏(ふ)したらよいのだ。

「明治のお立て直しが不十分だった」

里村　恐れ入りますが、歴史上、今回の箱根(はこね)の噴火(ふんか)にとどまらず、関東大震災、あるいは、幕末維新のころにも大(だい)地震がありましたが、そういうものにも関係されたわけですか。

神霊　だから、明治のお立て直しが不十分だったのだ。完成を見る前に、崩壊(ほうかい)に至ったことが残念だ。

里村　「残念だ」というのも、過去形になっているのですけれども……。

神霊　だから、「人間宣言」をした天皇制が続いていること自体が、間違っているのだ。新しい「神宣言」をした天皇が立たねばならない。

里村　お言葉ではございますが、当時の流れのなかでは、「『人間宣言』というものをなさねば、国体を護ることができなかった」とも言われています。

神霊　いや。おまえたちが、今、〝よからぬこと〟を、いっぱいしておるんでなあ。軍人たちを、次々と、正しいことであったとして立ててはおるが（注。これまでに、東條英機元首相や松井石根大将、栗林忠道中将、中川州男大佐など、第二次世界大戦にかかわった日本軍人の霊たちを呼び出し、霊言を収録、発刊している）、その結果、戦争責任は、昭和天皇に集まってきつつある。

その昭和天皇は、「人間宣言」をして、自分の罪を逃れた。罪の行くところは、ない。

「天皇の言うことをきかぬ軍人政治家が暴走して、戦争が起きた。天皇には責任がない」ということが、戦後長く続いた〝虚偽〟であった。

その〝虚偽〟が破られた今、本当のことが明らかになりつつある。

「信仰なき主権在民」は、ただの傀儡政権

里村　では、その「本当のこと」を、われわれは、どのように捉えればよいのでしょうか。

神霊　おまえたちは、人間を祀っておるのだ。人間をな。

里村　それは、憲法第一条の「象徴天皇制」という言葉に表れているわけですね。

神霊　憲法は間違っておるだろうが。

里村　はい。

神霊　日本には、「主権在民」というような言葉は合わないのだ。唯一なる神があって、唯一なる神を信仰する国民があって、「主権在民」はその用をなす。「唯一なる神というか、そういう崇高なる存在を信じて、その倫理下に基づいて国を動かしていこう」というのが、正しい民主主義のあり方であって、「人間を〝飾り雛〟として上に飾って、実質は自分たちが執り行う」というのが、民主主義の正しい姿ではないのだ。

里村　つまり、「信仰なき主権在民というものは、本来の正しい民主主義ではない」と……。

神霊　そう。それは、ただの傀儡政権だ。

里村　ああ、なるほど。

神霊　天皇にも責任がなく、首相にも責任がない。「元首なき国家」だ。
　現代のマスコミ権力は「新しいバアル信仰」

天雲　また一方で、現代では、「マスコミが神のようになっている」とも言われておりますが、そうしたところも間違ったあり方だと。

神霊　「新しいバアル信仰」かな。昔の言葉で言えばな。

天雲　はい。

神霊　金の代わりに、視聴率、あるいは部数が「神」になってしまったのかな。

6　天変地異を止めることはできないのか

箱根山の透視で視えたカブトムシの意味とは？

里村　そうしますと、あなた様からご覧になると、単に、戦後の流れだけのことではなく、明治以降の一つの問題としてあったものが、積もり積もってきて現在に至っているということですね？

神霊　そう考えてもよいかな。

ただ、私は、まだ最高の者ではない。いや、天国か地獄かは知らぬ。地獄の番人かも知らぬが、「最高の責め苦」は、私が下すものではない。

渡邉　冒頭で、大川総裁が噴火口の透視をされたときに、「カブトムシが上がってくるようなイメージが視える」というようにおっしゃっていたのですけれども、それは、そういった「最高の責め苦」が、今、上ってくるようなことを象徴しているのでしょうか。

神霊　いや、そうではない。

里村　では、そのカブトムシが木の上を上がるイメージは、何でございましょうか。

神霊　それは、「武士（もののふ）の心」であろうな。

里村　「武士の心」ですか。

神霊　うーん。ただ、木は山の上に生（は）えておって正当なるもの。地下にあっては用をなさぬ。

箱根（はこね）神社の御祭神（ごさいしん）である瓊瓊芸命（ににぎのみこと）と関係があるのか

里村　「武士の心」とか、天皇の「人間宣言」に対するお考えなど、いろいろと聞いておりますと、三島由紀夫（みしまゆきお）さんと、非常に何か……。

神霊　そんな新しい魂を出してくるな。

渡邉　箱根神社には、御祭神として邇邇芸命様が祀られているのですけれども、そちらの魂とご縁のある方なのでしょうか（注。以前の霊査により、邇邇芸命は、小説家・三島由紀夫に転生していたことが判明している。『天才作家 三島由紀夫の描く死後の世界』〔幸福の科学出版刊〕参照）。

神霊　うーん……。まあ、知らぬわけではないが。うん。知らぬわけではない。

里村　知らぬわけではない？

神霊　うん。知らぬわけではないが、直接ではない。

里村　はああ……。

渡邉　では、魂的に近い間柄でいらっしゃるのですか。

神霊　うーん……。どうかな。

里村　まさに、箱根というのは「天下の険」で、ある意味で、関東を護る砦です。そういう場所にあるわけですから、非常に象徴的だと思うのですけれども、そこにいらっしゃるということは、やはり、戦神(いくさがみ)であられますね？

神霊　まあ、そう言えるかどうかは分からぬがなあ。うーん……。難しいでな。

里村　難しい？

神霊　うん。

里村　恐(おそ)れ入りますが、何が難しいのでしょうか。

神霊　うん？　おまえたちのような人間ではないために、難しいでな。

里村　ああ……。あまり、この地上に降りられるようなこと、つまり、お生まれになるようなことはないのですか。

神霊　まあ、山に樹木が生えるがごとく、肉体が生えることがないわけではないが、それが本体ではないがな。

里村　なるほど。

日本が他国に侵略されて滅びることは「望んでいない」

渡邉　先ほど、三島由紀夫様のことを「新しい魂だ」というようにおっしゃっていましたが、三島由紀夫様は、その生えてきた〝木〟の一部ということなのでしょうか。比較的新しい……。

神霊　うーん……。

（約十秒間の沈黙）だから、おまえたちは誰に殺されたいのか、希望を述べよ。誰になら、殺されても満足かな。

里村　いや、私どもは、決して、「命さえあればいい」と思う者ではございません。

神霊　ああ、そう。

里村　ええ。信仰のような、大切で尊いものを守るためには、平気で命を差し出そうと思っている者です。

神霊　ふーん。そうか。

里村　ただ、「誰に殺されたいか」ということは、例えば、「地震によるのか、火山の噴火か、津波か、あるいは、よその国によるものか」ということでございましょうか。

神霊　まあ、いろいろあるわなあ。

里村　ええ。しかし、「武士（もののふ）」とおっしゃっていますので、やはり、日本という国がよその国に侵略（しんりゃく）されて滅（ほろ）ぼされることは、お望みになってはおられませんよね？

神霊　うん。それはそうだ。

里村　そして、私たちも、絶対に、それだけは何としても避（さ）けねばならないと思っています。まさに、八百万（やおよろず）の神々が断（た）たれるようなことになっていきますから。

神霊　だから、明治以降の政治制度も、本来の日本の成り立ちと引き比べて、よくよく考えておくようにな。

里村　はい。「安保法制」をめぐる論争に「火山弾ぐらい飛ばしたくなる」

里村　私たちは、幸福実現党という政党を立て、まさに、「信仰心に基づく民主主義」というものを訴えているのですけれども、そういう面では、あなた様がおっしゃっている方向と重なっていますでしょうか。

神霊　うーん……。（約五秒間の沈黙）まあ、ポンペイを噴火させた神様と似

●ポンペイ　かつてイタリア・ナポリ近郊に存在した古代都市。西暦１世紀、ヴェスヴィオ火山噴火による火砕流で町が地中に没した。

たような気持ちかなあ、今は。

里村　うーん。

神霊　うん。まあ、君らが何かをしておるかもしらぬが、見たくない光景が多すぎるかな。

里村　ああ……。それは、私どもも分かります。感じます。はっきり言って、例えば、今、国会で議論しているものでも、「日本が戦争に巻き込まれる」とか、「自衛隊員の命のリスクが増える」とか……。

神霊　やはり、火山弾ぐらい飛ばしたくなるだろうが。

里村　私にもその気持ちに似たものはございます。ただ、この世にいる立場として、それを、言論、あるいは選挙といったものを通じて変えようと思っております。

神霊　それは、ちょっと時間がかかりすぎるかな。

里村　ただ、今日、あなた様のお話をお伺いしまして、かなり長い間に溜まった膿……。

神霊　うーん、マグマが溜まっとるよ。

里村　はい。ですから、当然、時間は少しかかるかとは思いますけれども……。

神霊　フッ（笑）。言い訳が長いねえ、いつも。

里村　いえいえ（苦笑）。それを、お待ちいただけないでしょうか。

神霊　いつまで？

里村　今しばらく……。

神霊　うーん……。

今後、天変地異はどうなっていくのか

渡邉　先般（二〇一五年六月二日）、「大震災予兆リーディング」というものが行われたのですけれども、その際には、「来年（二〇一六年）の参議院選挙のときぐらいがデッドラインだ」というようなお話がありました（前掲『大震災予兆リーディング』参照）。

神霊　そんなものはデッドラインじゃないよ。もう、結果は読めておるから、そんなものは、デッドラインでも何でもないさ。デッドラインは、もう、決め

てあるから。

里村　デッドラインはいつでございますか。

神霊　ええ？

里村　いつでございますか。

神霊　ハハッ（笑）。今、（箱根山の噴火警戒レベルは）「レベル３」なんだろ？

里村　はい。

神霊　うん。もうちょっとじゃないか。

里村　もうちょっとですか。

神霊　うん。

里村　「神様の時間の尺度」というのは非常に難しいので、私ども地上の人間には分かりづらいのですが、「もうちょっと」というのは、どれくらいなのでしょうか。

神霊　まあ、「もうちょっと」は、「もうちょっと」だなあ。

渡邉　レベルが上がっていくというのは、カウントダウンのようなかたちになっているのでしょうか。

神霊　どのくらいまでレベルを上げれば、君たちは壊滅するのかなあ。

里村　一般には、「レベル5」を超えてしまうと、もう手に負えないかたちになります。

神霊　うーん、そうか。

里村　はい。そういう意味では、確かに……。

神霊　まだ、あと、浅間山と富士山が待ってるからさ。どこまでぐらいで抑えてほしいのかなあ。

里村　その浅間山あるいは富士山に、「ゴーサイン」を出される方というのは……。

神霊　別の者だから、分からない。

里村　別の方ですね。どういう方が出されるのですか。

神霊　分からない。

里村　「お名前は言えない」ということですね？

神霊　うん。

里村　しかし、日本の神々であられるわけですね？

神霊　神かもしれないし、西洋から見れば〝悪魔(あくま)〟かもしれない。

里村　西洋から見たら、そうかもしれないけれども……。

神霊　中国から見ても、〝悪魔〟かもしれないなあ。

里村　「中国から見たら悪魔」ということは（苦笑）、われわれから見たら、やはり、「日本の神々」であるということでございますね。

神霊　そうだな。彼らから見れば〝悪魔〟。われわれから見れば、彼らが〝悪魔〟。

里村　はい。

日本の世論が変わるには千年かかる？

渡邊　先ほど、「関東一円の国民から、『死にたい』という思いが来ているので、それを反映させているだけだ」とおっしゃっていたのですけれども……。

神霊　うん、来ている。鉄板の上で焼いてほしそうな感じかな。

渡邊　私たち一人ひとりに至るまで、世論が、「死にたい」という思いではなくなってきた場合、また変わってくることもあるのでしょうか。

神霊　まあ、それは千年もかかるんじゃないかな。その前に、一回ぐらいは爆発させろ。
　どのへんに、新しい湖とかが欲しいかな。

里村　（苦笑）芦ノ湖は、かつての噴火で出来たと言われておりますけれども。実際に、そんなことも、お出来になる……。

神霊　うーん、どうしようかな。どうしようかな。

里村　そういうことも、お出来になるわけですね。

神霊　うん。東京湾を〝池〟にしてやろうか。

里村　ただ、何度も申し上げますけれども、一方において、そうした日本を、本来の神国日本に戻そうという者たちもおります。その面では、今しばらく、ご猶予というものをお願いできないのでしょうか。

神霊　（約五秒間の沈黙）まあ、マグマが溜まっとるんでなあ。今、蓋がないんだ。蓋がないので、開いてるからさ。出てくるわな、もうすぐ。もうすぐ出てくるわなあ。

里村　出てきますか。

神霊　うーん、もうすぐ出てくるな。

7 「この国民の心を入れ替える以外に方法はない」

日本の未来をどうするかという選択を迫っている

神霊　やっぱり、火山弾か何か、国会議事堂にぶつけたくないかね、君たちは。

里村　いや……。

神霊　ええ？

里村　正直に言うと、私にもそういう気持ちはありますけれども……。

神霊　だろう？　だから、それに応えようとしてるんじゃないか。

里村　いやいや（苦笑）。その気持ちはございますけれども、ただ、何とかこの世的な努力でやるところに、私たちは意味があると思っております。

神霊　ふーん。

里村　やはり、「天上界にそれをさせてはならない。日本の神々に、そういうことをさせてはならない」と思っています。人間側の努力で、やらなければいけないと思っています。

神霊　つまらん人間ばかりになってなあ。こんなの、日本人じゃない。

里村　本当に、同感させていただくところは多うございます。ただ、私たちは、それでも努力するところに、この世での修行（しゅぎょう）の一つの意味があると思っております。

神霊　（約五秒間の沈黙（ちんもく））チッ（舌打ち）。いつまで待てばいいんだ？

里村　少なくとも、幸福実現党が議席を取って、この日本を変えていくという、その日まで……。

神霊　ああ、百年か。

里村　いえいえ、百年もかかりません。

神霊　たまらんなあ。もう、国がなくなっとるよ、とっくに。

里村　来年の選挙、そして、またその次と、今しばらくです。

神霊　だから、外国に占領（せんりょう）されるか、自決するか、その選択肢（せんたくし）は、今、迫（せま）っとるわけだよ。

「われは、歴史で、神話として葬られし者」

里村　いや、「活路を開く」という選択肢も、あるのではないでしょうか。

神霊　おまえなんか、丸太船一個でも逃げ切れんだろう。

里村　私はそうでございますけれども、しかし、ここまで、ずっと長い間続いてきた日本が、そうやって終わることは、世界の損失でもあるし、地球の損失でもあると思います。

神霊　いやあ、わしが始めたから、終わらせてもいい。

里村　「わしが始めた」？　えっ……、あなた様が日本を始めたのですか？

神霊　うん。

里村　それをお伺（うかが）いしますと、天孫（てんそん）・邇邇芸命（ににぎのみこと）の御（お）言葉であるかのようにも思えるのですが。

神霊　うーん？　さあなあ……。

里村　お名前は、お明かしいただけないでしょうか。
私どもは、こうした神託（しんたく）は非常に大切だと思っています。現代の日本人に、火山弾ではなくて、この神託をぶつけるために、お名前をお伺いさせていただければと思います。

神霊　うーん……。おまえたちが、歴史で、神話として葬（ほうむ）りし者だ。

里村　「神話として葬りし者」ということは、大和（やまと）王朝以前の神様ということですか。

神霊　（約五秒間の沈黙）いや、「神日本磐余彦尊（かむやまといわれひこのみこと）」という名は持っておるがなあ。

里村　ああ！

渡邉　神武天皇でいらっしゃいますか。

神日本磐余彦尊　まあ、そう言われることもあるがな。ただ、（現代人は）信じてないだろう。

里村　いや、幸福の科学の霊査では、実在したということが明らかになっています（注。以前の霊言において、神日本磐余彦尊は近畿地方に東征して、橿原の地で初代・神武天皇として即位した実在の人物であることが判明している。『神武天皇は実在した』〈幸福の科学出版刊〉参照）。

神日本磐余彦尊　何人、それを知ってるの。一万か？　二万か？　一億二千何百万のうち、何人知っておるのだ。

「心を入れ替える」か「外国に占領される」か

里村　しかし、今、お名前を明かしていただきましたので、神日本磐余彦尊の御言葉を一億二千万人の日本人に伝えていくことが、私たちの使命であると思

『神武天皇は実在した』
（幸福の科学出版）

います。

神日本磐余彦尊　今は〝大和朝廷〟が、橿原から東京に移っておるんだろ？　それが終わりを迎えようとするかどうかが、かかっているわけだから、「この都が終わるかどうかが、かかっている」と言っておるのだ。

里村　それを聞きますと、ますます私どもとしては、神武天皇に始まるこの日本を、絶やすわけにはいかないと思います。

神日本磐余彦尊　私も神話のなかの一人だから、どうせ、どんな学者に訊いても、「（神武天皇は）実在するかしないか、分からない」と言うから。そんなものには力もないだろうからな。

里村　いえいえ。まさにそれも、確かに明治以降の……。

神日本磐余彦尊　自然現象で、勝手に箱根が噴火したらよろしい。

里村　でも、これは衝撃的なお話です。神日本磐余彦尊様のお怒りが、今回の箱根山の噴火となっていると……。

神日本磐余彦尊　だから、今、「天皇制の終わり」と、「朝廷の終わり」、あるいは、「首都の終わり」が来るかどうかが、かかっていると言っているんだ。

里村　はい。そこで、終わりにさせないために、お時間もあまりございませんが、私たちにアドバイスや、ご指導を頂ければと思います。

神日本磐余彦尊　この国民(くにたみ)の心を入れ替(か)える以外に、方法はないのだ。あなたがたの言論が届かないのであれば、神の怒りを見せるしかない。でなければ、外国に占領(せんりょう)される。

どれかだ。

ただ、あなたがたは、もうそれほど、多くの期待を背負ってはいない。

これを、「御生誕祭(ごせいたんさい)」なるもので言わせたくないために、今日、呼び出しが来たんだろう？

里村　ああ……、なるほど。それがまさに、御生誕祭直前の今日に、別に機会を設けて……。

神日本磐余彦尊　〝五反田噴火〟を先にさせようとしたんだろう?私らの考えは、そのへんにあるから。浅間山も富士山も、〝別の神〟が控えている。

この国民が持つべき、「日本建国の原点」にある精神とは

里村　今日、お話を承らせていただいたのは、本当に大切な機会であったと感謝いたします。

神日本磐余彦尊　まあ、日本は建国の……、おまえたちは何か本を出したかな。『建国の原点』とか、本を出したであろうが（注。大川隆法の一九〇〇作目の著作『日本建国の原点』〔幸福の科学出版刊〕のこと）。

里村　はい。

神日本磐余彦尊　建国の原点には、「神」と「武」があったということを忘れてはならず。

武士の精神とは、「神の正義を地上に降ろすこと」「邪悪なるものに屈しないこと」「邪悪なるものを排斥すること」。そして、「正しきものを世界に広げること」。

これができない者は、わが臣下（しんか）として認めることができない。

里村　はい。そして、それが伝わらないのであれば、この日本は、もう存続しても意味がないと？

神日本磐余彦尊　天皇制も終わる。

里村　分かりました。私どもは、今日の神日本磐余彦尊様の御言葉を、しっかりと国民（くにたみ）に伝えて、何とか日本人の心を入れ替えてまいりたいと思います。

神日本磐余彦尊　今、おまえたちが世論(せろん)調査をしてみろよ。「神武天皇は実在したと思うか」と訊いてごらんなさい。何人が、「イエス」と言うか。どう思う？　言ってみろ、直感で。

里村　まあ、九割以上の方が……。

神日本磐余彦尊　「ノー」だろうが。

里村　はい。そのくらいだと思います。

神日本磐余彦尊　な？　「イエス」と言うのは、年寄りだけだ。八十以上のな。

若い人は名前も知らぬ。

ここも教育が間違っているということ。歴史が間違っているということ。間違いに基づいて、政治が行われているということ。

深く反省を願いたい。安倍総理も分かってはおらぬ。

里村　はい。しっかりと、御言葉を伝えてまいります。

「優しいだけが神ではない」

神日本磐余彦尊　まあ、神には「怖さ」があることを知っといたほうがよかろう。そんなに人間に優しいだけが、神だと思ってはならぬから。
これは〝裏の御生誕祭〟の講話だ。そう思っておけ。表は、どれほどいいことを言おうと、裏では、「神の鎖鎌（くさりがま）」が、今、迫っておるぞ。

里村　承知（しょうち）いたしました。

神日本磐余彦尊　よいかな？
すまんが、箱根精舎（しょうじゃ）の〝収益〟など、考えておらんでな。

渡邉　（苦笑）はい。しっかりと精進（しょうじん）して……。

神日本磐余彦尊　適当に集めたまえ。

里村　いえいえ。箱根を、しっかりと光で護(まも)ってまいります。
本日は、まことにありがとうございました。

一同　ありがとうございました。

8 「箱根山噴火リーディング」を終えて

本リーディングの前にあった「昭和天皇の訪問」

大川隆法 (手を二回叩く) はい。「五反田に来い」という意味が、よく分かりましたね。

里村 はい。

大川隆法 実は、最近、分かったことがあるのです。

公表していなかったのですが、先週の終わりごろの夜に、昭和天皇の霊が来られたのです。そして、一時間ぐらい、お話をなされていきました。まあ、収録してはいないのですけどね。

里村　はい。

大川隆法　結局、そのときに言っておられたことは、「（今、幸福の科学では）『先の大東亜戦争で活躍された軍人たちは罪人ではなかった。英雄だったのだ』ということを、いろいろ打ち出してはいるけれども（注。戦後七十年に当たる二〇一五年に入り、『パラオ諸島ペリリュー島守備隊長　中川州男大佐の霊言』『沖縄戦の司令官・牛島満中将の霊言』『硫黄島　栗林忠道中将の霊言　日本人への伝言』〔いずれも幸福の科学出版刊〕を刊行している）、その結果、戦争責任は自分のほうに来ている」ということでした。

さらに、「戦争責任は自分に来ているけれども、私はすでに『人間宣言』をしている。『人間宣言』をしている以上、責任は取れない。『天皇陛下万歳』と言って死んだ方々を弔う資格は、もう自分にはないのだ。

今、人間の資格しか持っていないので、八百万の神々がいる、高天原には還っていない。あの世の人間界に存在しているために、彼らを供養することも、どうすることもできないのだ。

高天原の神々の神示も、自分をスルーして、ここ（幸福の科学）に、直接、降りている。私には何らの権限もない。今のままで行けば、天皇制も終わりになる可能性が極めて高いと思われる。

このあたりの危機が迫っていることは、十分に知らないといけない。今のままの象徴天皇制的な飾りで、ずっとやっていけると思って、国会の、ああいうゴタゴタで、ずっと運営していけると思うなら、甘い。

ただ、自分としては、もはや責任を取れない。そういうことで責任を取るんだったら、先の終戦のときに、自分は死刑になっていなければならなかった」というようなことを言っておられましたね（注。終戦後、昭和天皇は自らGHQ本部を訪問し、マッカーサーに対して「私の身は死刑になっても構わないが、天皇の名の下に戦った人々を救ってほしい。国民を助けてほしい」という主旨のことを語ったとされている）。

里村　さようでしたか。

大川隆法　なかなか切迫なさっているようで、皇室の危機感はすごく感じておられるようでした。非常に危機感があられるようで、皇室に、神格というか、神性というか、神様のお取り次ぎとしての本来の使命が戻ってこないことが、苦しみの原因になっておられるようです。

里村　はい。

大川隆法　また、大衆の人気というか、そういうポピュリズムを維持しなければ皇室が存続できないところは、政権と同じ状態になっているわけで、そのことに対する、どうしようもないやるせなさを感じておられるようではありました。

里村　そうですか。

大川隆法　まあ、「佳子さまブーム」も、いずれ分析しなくてはいけないと思うのですが、（昭和天皇は）何か怖いものを感じておられるような気がします。〝ＡＫＢ48のセンター〟を目指しているようなものを感じておられるのではないですか。

皇室の終わりの扉を開かれるのを、恐れておられるようにも感じられました。

里村　なるほど。

大川隆法　さらに言われていたのは、「今、靖国参拝の問題もやっているけれども、また、『靖国参拝をするべきだ』とかいう主張を、幸福実現党がしているのかもしれないけれども、参拝をやめたのは、自分自身（昭和天皇）でもあるので、それは、自分（昭和天皇）の責任を問うことにもなっている」というようなことでした。

ですから、若干、今、心穏やかではない状況には、おありのようです。

里村　はい。

大川隆法　また、「先の戦争を『聖戦』と言ってくれても、その最後の責任が取れない、取る人がいないということが問題だ。もう、皇室では受け止めることができない。あなたがた（幸福の科学）が受け止めようとしたら、あなたがたが、先に滅ぼされる可能性も高かろう。今の日本のマスコミから見れば、許しはしまい」というようなことを言っておられましたね。

里村　はい。

大川隆法　「であれば、大震災」と、まあ、こういうことのようですから……。

里村　なるほど。

国民が信仰心を取り戻すような“揺さぶり”が来るかもしれない

大川隆法　これは、御生誕祭で話さない、“裏の御生誕祭”の講話でしたね。まあ、「こんな考えもある」ということは、謹聴してお受けしておいたほうがよいと思います。「解決できないでいる問題がある」ということです。さあ、どうなりますかね。

里村　はい。

大川隆法　当会の活動が、どうなりますでしょうか。まあ、（神々が）腹が立ったら、箱根精舎を壊してくれるかもしれません。

そんなに高くはないから、いいんですけどね（笑）。

里村　いえ、そうならないように、しっかりと伝えさせていただきます。

大川隆法　どうせ、溶岩が固まったら、またその上に建てるので構いませんが。ただ、いずれにしても、何らかの不快感の象徴であって、（関係しているのは）一人ではないでしょう。本当は、まだ、裏に幾つか想念体としては、集まっていると思われます。

おそらく、国会や、あるいは世論の不愉快な感じ……、それは、沖縄から全部含めてでしょうね。

里村　そうですね。

大川隆法　そうした不愉快な感じが、今、何らかの噴火、ないし震災を呼び込もうとしているらしいということです。

里村　はい。

大川隆法　これに乗じて、また天下を取りたがっている民主党に対しても、不快感は禁じえないというところでしょうし、自民党のだらしなさも、「もう我慢できない」というところでしょうか。

里村　本当に、そうです。

大川隆法　それに輪をかけて、幸福実現党が、「蚊トンボが飛んでいるようにしか見えていない」というところなんでしょうかね。

里村　いえいえ。

大川隆法　まあ、残念ではあるけれども、こういうことを言ったところで、国民のうちの一部しか知ることはできないということも、悔しさのもう一つのところなのでしょう。

「神の声が伝わらない。媒体として、あるいは、伝導体として、神の声が伝

わらない」ということに対する怒り（いか）があって、国民が信仰心（しんこうしん）を取り戻（もど）すような
〝揺（ゆ）さぶり〟が来るかもしれないと警告しているわけです。

里村　はい。

大川隆法　ただ、これで終わりではないようです。まだ、ありそうですから、
とりあえず現時点での中間報告ということになります。
できるだけ、幸福の科学の各局、各本部、各支部が頑張（がんば）ってくださるように
お願いしたいと思います。

里村　はい。頑張ってまいります。ありがとうございました。

あとがき

何か危機が迫っていることは地震（火山）学者たちも感じているらしい。しかし、災害のメカニズムは分かっているようで、その実、よくは分からないようだ。

本書でのリーディング結果はアニミズム的にも見えるが、別の角度から見ると、国民の民心（みんしん）のあり方に対する神霊（しんれい）の的確な警告のようにも読める。

いま「神日本磐余彦尊（かむやまといわれひこのみこと）」と名乗られる方を、日本の教育を受けて育った若者の何%が知っていようか。民主主義とは、マスコミが政権を批判することだと短絡的（たんらくてき）に考えているマスコミ人の何%が、政治と宗教の一体性の必要を感じているか。信仰を取り去った後の天皇制のあやうさに気づいている人がどれだけいるだろうか。

宗教界の活動を人間界の利得活動より格下に見ている日本人の多さよ。いつわりの「平和論」に酔いしれる人々よ。「無知の知」という言葉について、いま一度、思いを巡らせてみてはどうか。

二〇一五年　七月十一日

幸福の科学グループ創始者兼総裁　大川隆法

『箱根山噴火リーディング』大川隆法著作関連書籍

『永遠の法』（幸福の科学出版刊）

『日本建国の原点』（同右）

『大震災予兆リーディング』（同右）

『されど、大東亜戦争の真実　インド・パール判事の霊言』（同右）

『天才作家　三島由紀夫の描く死後の世界』（同右）

『神武天皇は実在した』（同右）

『パラオ諸島ペリリュー島守備隊長　中川州男大佐の霊言』（同右）

『沖縄戦の司令官・牛島満中将の霊言』（同右）

『硫黄島　栗林忠道中将の霊言　日本人への伝言』（同右）

箱根山噴火リーディング
── 首都圏の噴火活動と「日本存続の条件」──

2015年7月14日　初版第1刷

著　者　大川隆法

発行所　幸福の科学出版株式会社
〒107-0052 東京都港区赤坂2丁目10番14号
TEL(03)5573-7700
http://www.irhpress.co.jp/

印刷・製本　株式会社 東京研文社

落丁・乱丁本はおとりかえいたします

ISBN978-4-86395-698-8 C0014
写真：時事通信フォト／朝日航洋

大川隆法霊言シリーズ・日本の神々は語る

天照大神（あまてらすおおみかみ）の未来記

この国と世界をどうされたいのか

日本よ、このまま滅びの未来を選ぶことなかれ。信仰心なき現代日本に、この国の主宰神・天照大神から厳しいメッセージが発せられた！

1,300円

国之常立神（くにのとこたちのかみ）・立国の精神を語る

「降伏」か、それとも「幸福」か

不信仰による「降伏」か!? それとも信仰による「幸福」か!? 『古事記』『日本書紀』に記された日本建国の神から、国民に神意が下された。

1,400円

神武天皇は実在した

初代天皇が語る日本建国の真実

神武天皇の実像と、日本文明のルーツが明らかになる。現代日本人に、自国の誇りを取り戻させるための「激励のメッセージ」！

1,400円

大川隆法霊言シリーズ・維新の英雄たちに訊く

坂本龍馬 天下を斬る!

日本を救う維新の気概

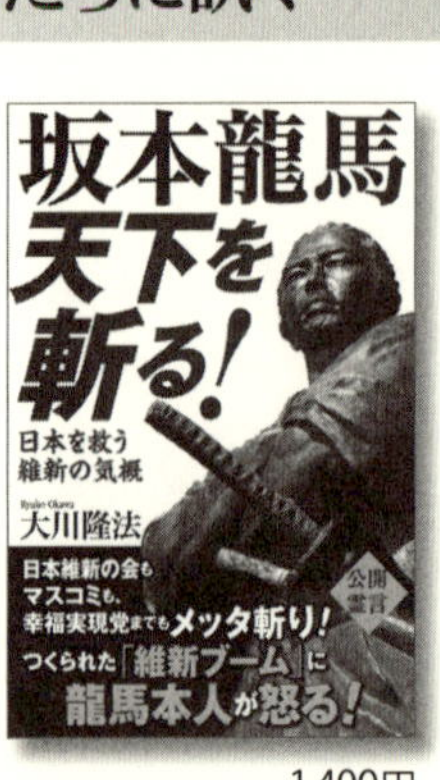

日本国憲法は「廃憲」し、新しく「創憲」せよ! 混迷する政局からマスコミの問題点まで、再び降臨した坂本龍馬が、現代日本を一刀両断する。
【幸福実現党刊】

1,400円

吉田松陰「現代の教育論・人材論」を語る

「教育者の使命は、一人ひとりの心のロウソクに火を灯すこと」。維新の志士たちを数多く育てた偉大な教育者・吉田松陰の「魂のメッセージ」!

1,500円

維新の心

公開霊言 木戸孝允・山県有朋・伊藤博文

明治政府の屋台骨となった長州の英傑による霊言。「新しい国づくり」を起こすための個性あふれる提言が、天上界から降ろされる。

1,300円

※表示価格は本体価格(税別)です。

大川隆法 霊言シリーズ・国防と正義を考える

左翼憲法学者の「平和」の論理診断

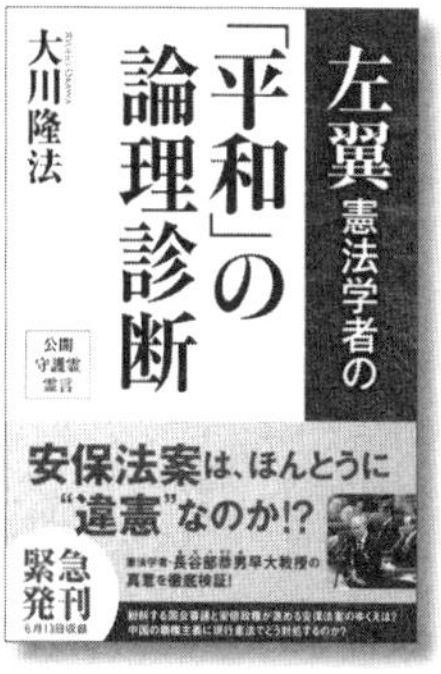

なぜ、安保法案を〝違憲〟と判断したのか? 中国の覇権主義に現行憲法でどう対処するのか? 憲法学者・長谷部恭男早大教授の真意を徹底検証!

1,400円

「河野談話」「村山談話」を斬る!

日本を転落させた歴史認識

根拠なき歴史認識で、これ以上日本が謝る必要などない!! 守護霊インタビューで明らかになった、驚愕の新証言。「大川談話(私案)」も収録。

1,400円

日米安保クライシス

丸山眞男 vs. 岸信介

「60年安保」を闘った、左翼系政治学者・丸山眞男と元首相・岸信介による霊言対決。二人の死後の行方に審判がくだる。

1,200円

幸福の科学出版

大川隆法ベストセラーズ・国を守る気概を取り戻す

日本建国の原点
この国に誇りと自信を

二千年以上もつづく統一国家を育んできた神々の思いとは――。著者が日本神道・縁(ゆかり)の地で語った「日本の誇り」と「愛国心」がこの一冊に。

1,800円

真の平和に向けて
沖縄の未来と日本の国家戦略

著者自らが辺野古を視察し、基地移設反対派の問題点を指摘。戦後70年、先の大戦を総決算し、「二度目の冷戦」から国を護る決意と鎮魂の一書。

1,500円

「集団的自衛権」はなぜ必要なのか

日本よ、早く「半主権国家」から脱却せよ！ 激変する世界情勢のなか、国を守るために必要な考え方とは何か。この一冊で「集団的自衛権」がよく分かる。
【幸福実現党刊】

1,500円

※表示価格は本体価格（税別）です。

大川隆法シリーズ・**最新刊**

されど、大東亜戦争の真実
インド・パール判事の霊言

自虐史観の根源にある「東京裁判」の真相は何だったのか。戦後70年、戦勝国体制の欺瞞を暴き、日本が国家の気概を取り戻すための新証言。

1,400円

赤い皇帝
スターリンの霊言

旧ソ連の独裁者・スターリンは、戦中・戦後、そして現代の米露日中をどう見ているのか。共産主義の実態に迫り、戦勝国の「正義」を糺す一冊。

1,400円

小保方晴子博士
守護霊インタビュー
STAP 細胞の真偽を再検証する

結局、ＳＴＡＰ細胞は存在するのか？ その真偽を「宗教家的アプローチ」により再検証！彼女の「現在の胸中」と「真実」を守護霊が語る。

1,400円

この地球(ほし)は、宇宙に必要か？
あなたを待ち受ける、
衝撃の〝宇宙体験〟
ベガ、プレアデス、
ダークサイド・ムーン――
ついに、地球人(あなた)は「宇宙人の秘密」を目撃する！
大川隆法 製作総指揮
長編アニメーション映画
UFO学園の秘密
The Laws of The Universe Part 0
製作総指揮・原案／大川隆法
監督／今掛勇　脚本／「UFO 学園の秘密」シナリオプロジェクト　音楽／水澤有一
総合プロデューサー／本地川瑞祥 松本弘司
総作画監督・キャラクターデザイン／今掛 勇　キャラクターデザイン／佐藤 陵　須田正己　美術監督／渋谷幸弘
VFX クリエイティブディレクター／粟屋友美子
キャスト／逢坂良太　瀬戸麻沙美　柿原徹也　金元寿子　羽多野渉
銀河万丈　仲野裕　千菅春香　藤原貴弘　白熊寛嗣　二又一成　伊藤美紀　浪川大輔
アニメーション制作／ HS PICTURES STUDIO　幸福の科学出版作品
©2015 IRH Press　配給／日活　配給協力／東京テアトル
UFO学園　検索
10月10日、全国一斉ロードショー！

幸福の科学グループのご案内

宗教、教育、政治、出版などの活動を通じて、地球的ユートピアの実現を目指しています。

宗教法人　幸福の科学

一九八六年に立宗。一九九一年に宗教法人格を取得。信仰の対象は、地球系霊団の最高大霊、主エル・カンターレ。世界百カ国以上の国々に信者を持ち、全人類救済という尊い使命のもと、信者は、「愛」と「悟り」と「ユートピア建設」の教えの実践、伝道に励んでいます。

（二〇一五年七月現在）

愛

幸福の科学の「愛」とは、与える愛です。これは、仏教の慈悲や布施の精神と同じことです。信者は、仏法真理をお伝えすることを通して、多くの方に幸福な人生を送っていただくための活動に励んでいます。

悟り

「悟り」とは、自らが仏の子であることを知るということです。教学や精神統一によって心を磨き、智慧を得て悩みを解決すると共に、天使・菩薩の境地を目指し、より多くの人を救える力を身につけていきます。

ユートピア建設

私たち人間は、地上に理想世界を建設するという尊い使命を持って生まれてきています。社会の悪を押しとどめ、善を推し進めるために、信者はさまざまな活動に積極的に参加しています。

海外支援・災害支援

国内外の世界で貧困や災害、心の病で苦しんでいる人々に対しては、現地メンバーや支援団体と連携して、物心両面にわたり、あらゆる手段で手を差し伸べています。

自殺を減らそうキャンペーン

年間約３万人の自殺者を減らすため、全国各地で街頭キャンペーンを展開しています。

公式サイト **www.withyou-hs.net**

ヘレンの会

ヘレン・ケラーを理想として活動する、ハンディキャップを持つ方とボランティアの会です。視聴覚障害者、肢体不自由な方々に仏法真理を学んでいただくための、さまざまなサポートをしています。

公式サイト **www.helen-hs.net**

学部のご案内

人間幸福学部

人間学を学び、新時代を切り拓くリーダーとなる

人間の本質と真実の幸福について深く探究し、
高い語学力や国際教養を身につけ、人類の幸福に貢献する
新時代のリーダーを目指します。

経営成功学部

企業や国家の繁栄を実現し、未来を創造する人材となる

企業と社会を繁栄に導くビジネスリーダー・真理経営者や、
国家と世界の発展に貢献し
未来を創造する人材を輩出します。

未来産業学部

新文明の源流を創造するチャレンジャーとなる

未来産業の基礎となる理系科目を幅広く修得し、
新たな産業を起こす創造力と企業家精神を磨き、
未来文明の源流を開拓します。

校舎棟の正面

学生寮

体育館

住所 〒299-4325 千葉県長生郡長生村一松丙 4427-1
TEL.0475-32-7770

教育

学校法人　幸福の科学学園

学校法人　幸福の科学学園は、幸福の科学の教育理念のもとにつくられた教育機関です。人間にとって最も大切な宗教教育の導入を通じて精神性を高めながら、ユートピア建設に貢献する人材輩出を目指しています。

幸福の科学学園

中学校・高等学校（那須本校）
2010年4月開校・栃木県那須郡（男女共学・全寮制）
TEL **0287-75-7777**
公式サイト **happy-science.ac.jp**

関西中学校・高等学校（関西校）
2013年4月開校・滋賀県大津市（男女共学・寮及び通学）
TEL **077-573-7774**
公式サイト **kansai.happy-science.ac.jp**

ハッピー・サイエンス・ユニバーシティ（HSU）
TEL **0475-32-7770**

仏法真理塾「サクセスNo.1」 TEL **03-5750-0747**（東京本校）
小・中・高校生が、信仰教育を基礎にしながら、「勉強も『心の修行』」と考えて学んでいます。

不登校児支援スクール「ネバー・マインド」 TEL **03-5750-1741**
心の面からのアプローチを重視して、不登校の子供たちを支援しています。
また、障害児支援の**「ユー・アー・エンゼル！」運動**も行っています。

エンゼルプランV TEL **03-5750-0757**
幼少時からの心の教育を大切にして、信仰をベースにした幼児教育を行っています。

シニア・プラン21 TEL **03-6384-0778**
希望に満ちた生涯現役人生のために、年齢を問わず、多くの方が学んでいます。

ブログ **blog.mamoro.org**

学校からのいじめ追放を目指し、さまざまな社会提言をしています。また、各地でのシンポジウムや学校への啓発ポスター掲示等に取り組む一般財団法人「いじめから子供を守ろうネットワーク」を支援しています。

公式サイト **mamoro.org**
相談窓口 **TEL.03-5719-2170**

政治

幸福実現党

内憂外患の国難に立ち向かうべく、二〇〇九年五月に幸福実現党を立党しました。創立者である大川隆法党総裁の精神的指導のもと、宗教だけでは解決できない問題に取り組み、幸福を具体化するための力になっています。

党員の機関紙
「幸福実現NEWS」

TEL 03-6441-0754
公式サイト hr-party.jp

出版 メディア 事業

幸福の科学出版

大川隆法総裁の仏法真理の書を中心に、ビジネス、自己啓発、小説など、さまざまなジャンルの書籍・雑誌を出版しています。他にも、映画事業、テレビ・ラジオ番組の提供など、幸福の科学文化を広げる事業を行っています。

アー・ユー・ハッピー？
are-you-happy.com

ザ・リバティ
the-liberty.com

幸福の科学出版
TEL 03-5573-7700
公式サイト irhpress.co.jp

THE FACT
ザ・ファクト
マスコミが報道しない「事実」を世界に伝えるネット・オピニオン番組

Youtubeにて
随時好評配信中！

ザ・ファクト　検索